Inhalt

Generation 50plus - die Zielgruppe der Zukunft

Kernthesen

Beitrag

Fallbeispiele

Weiterführende Literatur

Impressum

GENIOS WirtschaftsWissen Nr. 05/2003 vom 12.05.2003

Generation 50plus - die Zielgruppe der Zukunft

E.Krug

Kernthesen

- Die Generation 50plus bietet der Wirtschaft eine bedeutende Wachstumschance, da die heutige Generation 50plus nur noch wenig mit dem ursprünglichen Bild, das man sich früher von Senioren, Rentner etc. gemacht hat, gemeinsam hat.
- Innerhalb der Zielgruppe der neuen Alten hat ein deutlicher Wertewandel stattgefunden. (1), (2), (3), (4), (5)
- Die Kaufkraft, die sich hinter der Generation 50plus verbirgt, ist enorm. Die Unternehmen müssen sich dieser Herausforderung stellen, nicht zuletzt, um dem anhaltenden Konsumstreik

entgegenzutreten. (5)

Beitrag

In den heutigen Zeiten von Konsumflaute und Kaufstreiks müssen sich die Unternehmen mehr denn je den kaufkräftigen Zielgruppen zuwenden. Die Bevölkerung jenseits der 50, die heute bevorzugt Generation 50plus genannt wird (manchmal spricht man auch von Generation 55plus oder 60plus), stellt für die Wirtschaft eine äußerst interessante und lukrative Zielgruppe dar. Man nennt sie die neuen Alten, Silver Ager, Best Agers etc. und vermeidet gern Begriffe wie Rentner, Senioren, etc., da diese an das Altern erinnern und negative Gefühle auslösen. Die Generation 50plus hat mit den gleichaltrigen Verbrauchern aus früheren Zeiten kaum noch etwas gemeinsam, denn es hat ein deutlicher Wertewandel stattgefunden. (1), (2), (5)

Welche neuen Wertvorstellungen bestimmen das Konsumverhalten der Generation 50plus?

Bis heute hat man die Zielgruppe der Senioren im

Bereich Marketing ziemlich vernachlässigt. Der älteren Generation wurde kaum Aufmerksamkeit geschenkt. Heute verbirgt sich hinter dieser Generation eine große Herausforderung und eine bedeutende Chance für die Wirtschaft. Aus einer sparsamen, relativ anspruchslosen und konservativen Nachkriegsgeneration haben sich kaufkräftige, interessierte, aktive, gesundheitsbewusste Konsumenten entwickelt, deren Anteil an der Gesamtbevölkerung ständig wächst. Der gesellschaftliche Wandel ist die Ursache dafür, dass heutzutage um die 50 häufig eine Neuorientierung beim Einzelnen stattfindet, wie z. B. möglicherweise eine neue Familie oder auch schon eine Einstimmung auf den Berufsausstieg. Daneben gibt es in der Generation 50plus weniger Ressentiments gegenüber der Technik und den neuen Kommunikationsmöglichkeiten, wie der steigende Anteil der Silver Surfer (Internetnutzer über 50) beweist. (1)

Die Kaufkraft der über 50-Jährigen ist heute schon dreimal so hoch wie die, der 19 bis 40-Jährigen. (1), (2), (5) Der neue Markt ist äußerst vielfältig und umfasst vor allem Bereiche wie Wellness, Gesundheit, Tourismus, Bildung und Wohnen. Dabei spielt vor allem auch der Service-Gedanke eine wichtige Rolle. (2), (3), (4) Die Generation 50plus möchte nicht mehr knausern, sondern sie will sich für ein Arbeitsleben belohnen und das Leben genießen. (1), (2), (3), (5)

Wie reagiert die Wirtschaft auf den Wertewandel der Generation 50plus?

Die Unternehmen müssen sich den neuen Herausforderungen stellen. Sie dürfen - auch aus eigenem Interesse - dieses enorme Kundenpotenzial nicht mehr ignorieren. (1) Das heißt nicht, dass für diese Generation unbedingt spezielle Produkte entwickelt werden müssen, sondern vielmehr, dass das Marketing mehr auf diese Zielgruppe abgestimmt werden muss.

Die neuen Seniorenmärkte bieten fast allen Branchen attraktive Absatzmöglichkeiten. (5) Auf keinen Fall sollte auf jugendliches Marketing oder Produktdesign verzichtet werden, stattdessen sollte Abstand von Begriffen, wie Rentner, Senioren oder ähnliches genommen werden. (1)

Ansprechende Werbung für Senioren bedeutet auch nicht, sie ständig mit Produkten wie z. B. Klosterfrau Melissengeist oder Doppelherz auf ihr Alter hinzuweisen, sondern sie unter Berücksichtigung der neuen Werte, wie z. B. Lebensfreude und Aktivität, auf einen neuen erstrebenswerten Lebensabschnitt einzustimmen. (1), (5) Dabei sollte auch berücksichtigt werden, dass sich diese Generation eigentlich in zwei Zielgruppen aufteilt. Da sind zum einen die aktiven Hedonisten, deren Bedürfnisse sich vom abenteuerlichen Motorradurlaub bis hin zur feudalen Kreuzfahrt erstrecken, zum anderen, die über 80-Jährigen, deren bevorzugte Themenbereiche Pflege, Gesundheit etc. sind. (5)

Welche Kriterien sollten beim Marketing für die Generation 50plus beachtet werden?

Da es sich bei dieser Generation um durchaus kritische, aber auch Neuem gegenüber sehr aufgeschlossene Konsumenten handelt, sollten die Unternehmer folgendes berücksichtigen:
- Die Best Agers bevorzugen one-to-one-Marketing. Die soziale Komponente und persönliche Kontakte sind äußerst wichtig.
- Der Preis spielt eine untergeordnete Rolle, die Qualität dagegen hat eine umso größere Bedeutung. Die Senioren wissen Qualität zu schätzen und

rechnen damit, dass diese ihren Preis hat.
- Klassische Marken, Traditionsmarken verkörpern für sie oft Qualität und Vertrauen und werden deshalb gerne gekauft.
- Dennoch klammern sich die Senioren nicht an bekannte Produkte oder Marken. Sie wechseln durchaus, wenn ihnen ein neues Produkt als bessere Alternative erscheint.
- Sie bevorzugen kleine Packungsgrößen, da sie häufig allein leben. Diese sollten zudem leicht zu öffnen und mit einer gut lesbaren Schrift versehen sein. (1), (5)

Fallbeispiele

Beispiele für Unternehmen, die sich bereits auf die Zielgruppe Generation 50plus eingestellt haben

Sparkasse:
Obwohl die Generation 50plus lieber konsumiert, als spart, sehen auch die Geldinstitute in dieser Zielgruppe ein hohes Potenzial.
So wurde z. B. im Auftrag des Rheinischen Sparkassen- und Giroverbandes ein spezielles Angebot für diese Kundengruppe entwickelt, das optimal zugeschnittene Informationen und situationsgerechte Produkte anbietet. (6)

Siemens:
Bei Siemens ist man sich darüber im Klaren, dass die Produkte für die ältere Generation besonders benutzerfreundlich und einfach in der Handhabung sein sollten (Convenience!), wie z. B. Handys mit großer Tastatur. (1)

DaimlerChrysler:
DaimlerChrysler versucht die Kluft zwischen Image und Funktionalität so niedrig wie möglich zu halten. Auch hier steht Benutzerfreundlichkeit und Bequemlichkeit ganz oben auf der Anforderungsliste der Senioren; dennoch darf es nicht an Dynamik fehlen. (1)

Karstadt:
Karstadt stellt sich darauf ein, die Ladengestaltung auf diese spezielle Zielgruppe auszurichten, wie z. B. kurze Wege, mehr Sitzmöglichkeiten, Anzeigetafeln

mit großer Schrift. (1)

Studie zum Thema: GFK-Studie 50plus 2002

Basis der Studie: Befragung von 1812 repräsentativ ausgewählten Personen im Alter von 50 bis 79 Jahren
Einige Ergebnisse:
45 Prozent der Befragten machen sich lieber ein schönes Leben, als ständig nur zu sparen, 19 Prozent dagegen sparen lieber. Der Rest ist etwas unsicher. Gegenüber Innovationen in der Technik und im Bereich Dienstleistungen zeigten sich die Befragten sehr aufgeschlossen. So bewerteten ein Drittel der Befragten, Onlinebanking als sehr positiv und 61 Prozent empfinden Navigationssysteme im Auto als äußerst hilfreich. Auch die Mobilität steht hoch im Kurs. Zwei Drittel haben im Vorjahr Reisen unternommen, etwa 50 Prozent telefoniert zumindest ab und zu mobil.

Die Studie enthält Informationen zur Demographie, wirtschaftlichen Lage, Lebenssituation, zu Einstellungen und Interessen, etc. (2)

Weiterführende Literatur

(1) Runter vom Sofa, rein in den Konsum -
aus acquisa, Heft 03/2003, S. 044

(2) Lieber "Silver Surfer" als graue Maus
aus ProFirma, Heft 03/2003, S. 18

(3) UMFRAGE Märkte der Zukunft: "Alt sein, jung aussehen"
aus ProFirma, Heft 03/2003, S. 20

(4) Schnelle Wege und annehmliches Alter Essen - Wirtschaftsregion im Profil - Das Büro Z-Punkt untersucht, wie Essen im Jahr 2010 aussehen könnte
aus FTD Financial Times Deutschland vom 11.02.2003, Seite BE9

(5) Marketing gegen den Konsumstreik -
aus ProFirma, Heft 03/2003, S. 12

(6) INTERVIEW Die Gesetze des Marketings gelten auch im Medium Internet
aus Die SparkassenZeitung, 28.02.2003, Nr. 09, S. B12

Impressum

Generation 50plus - die Zielgruppe der Zukunft

Bibliografische Information der deutschen Nationalbibliothek

Die Deutsche Nationalbibliothek verzeichnet diese Publikation in der deutschen Nationalbibliografie; detaillierte bibliografische Daten sind im Internet über http://dnb.d-nb.de abrufbar.

ISBN: 978-3-7379-0678-4

© 2015 GBI-Genios Deutsche Wirtschaftsdatenbank GmbH, Freischützstraße 96, 81927 München, www.genios.de

Alle Rechte vorbehalten. Dieses Werk ist einschließlich aller seiner Teile – z.B. Texte, Tabellen und Grafiken - urheberrechtlich geschützt. Jede Verwertung außerhalb der Grenzen des Urheberrechtsgesetzes bedarf der vorherigen Zustimmung des Verlags. Dies gilt insbesondere auch für auszugsweise Nachdrucke, fotomechanische Vervielfältigungen (Fotokopie/Mikroskopie), Übersetzungen, Auswertungen durch Datenbanken oder ähnliche Einrichtungen und die Einspeicherung und Verarbeitung in elektronischen Systemen.